Come See My E

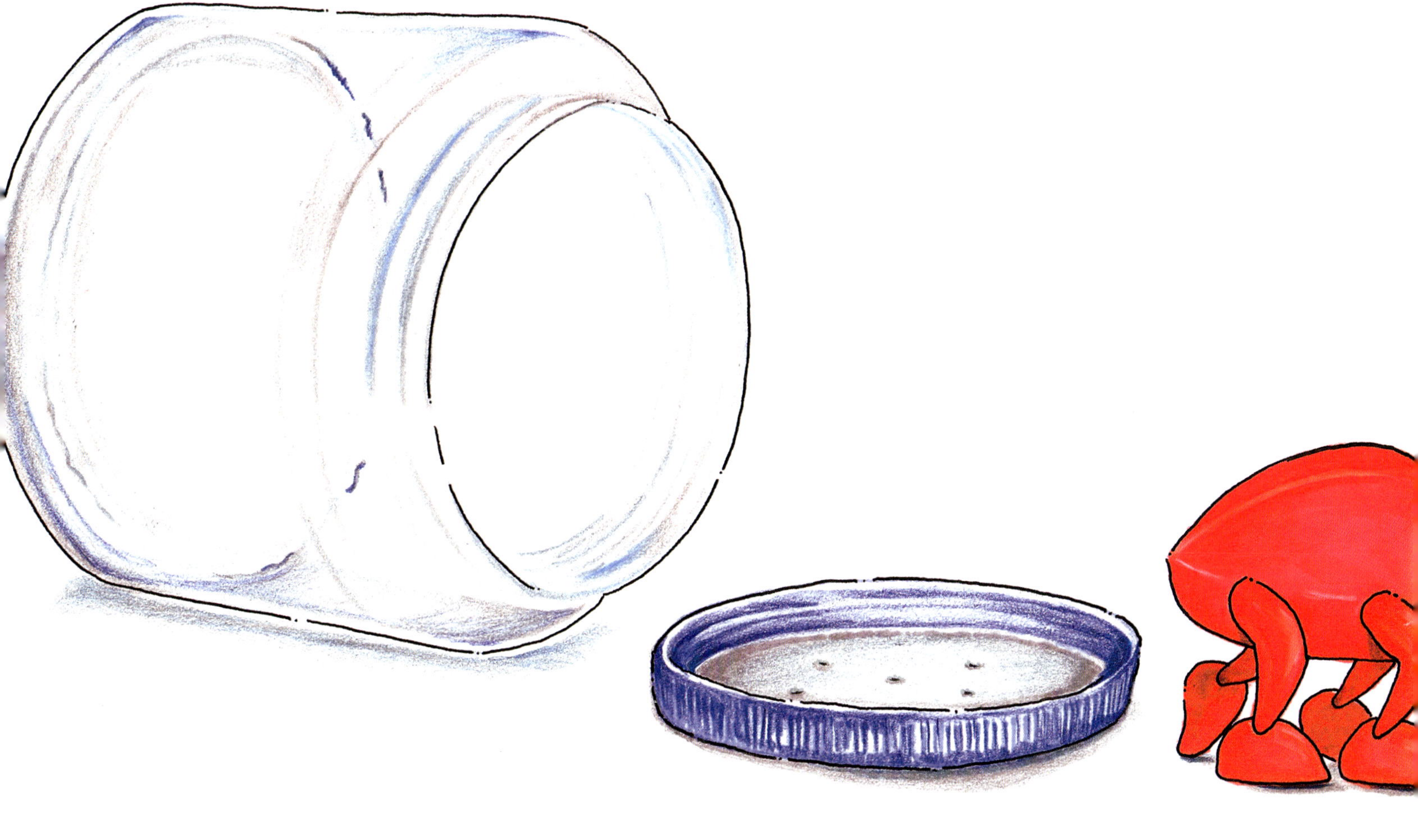

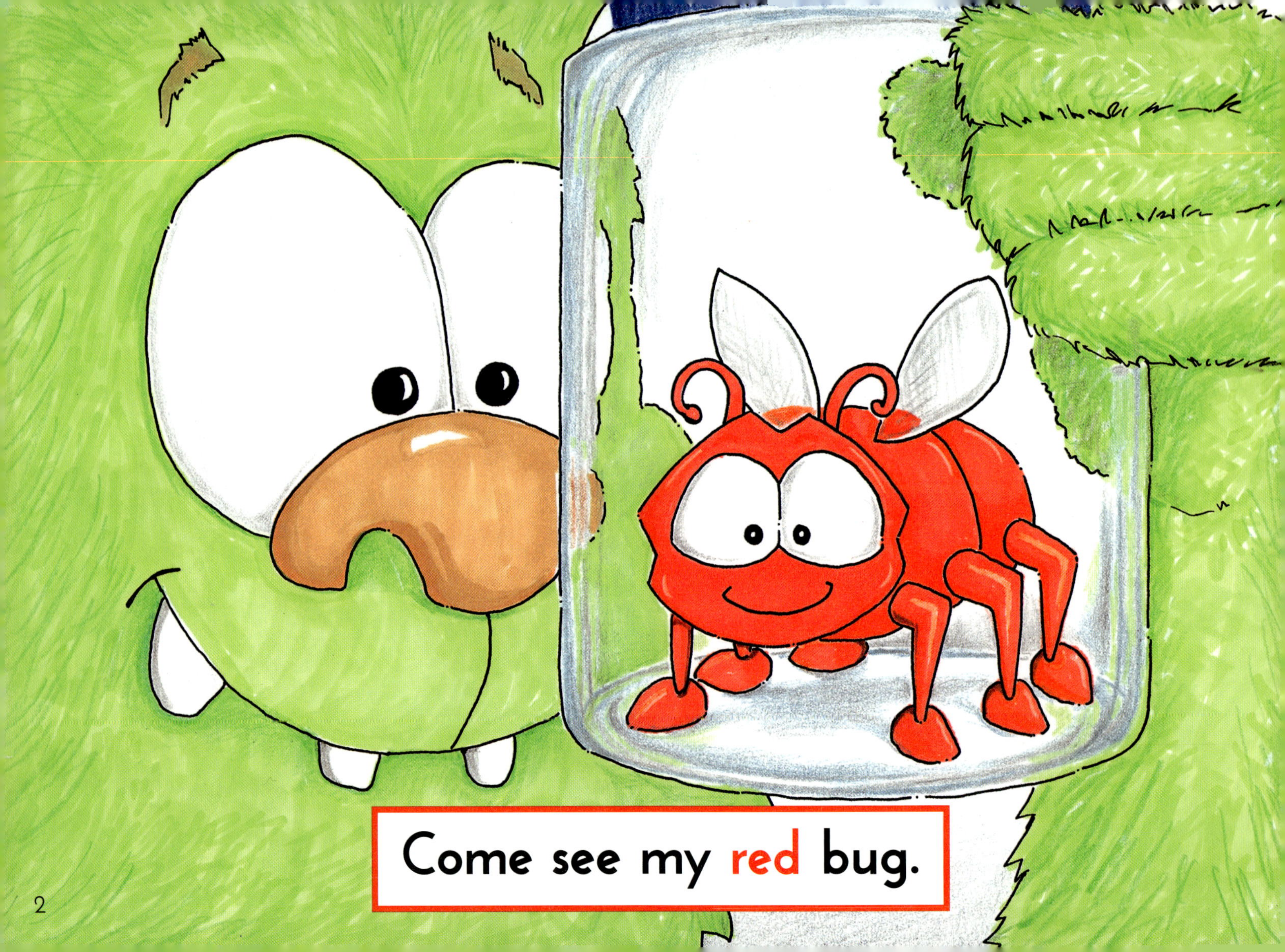

Come see my red bug.

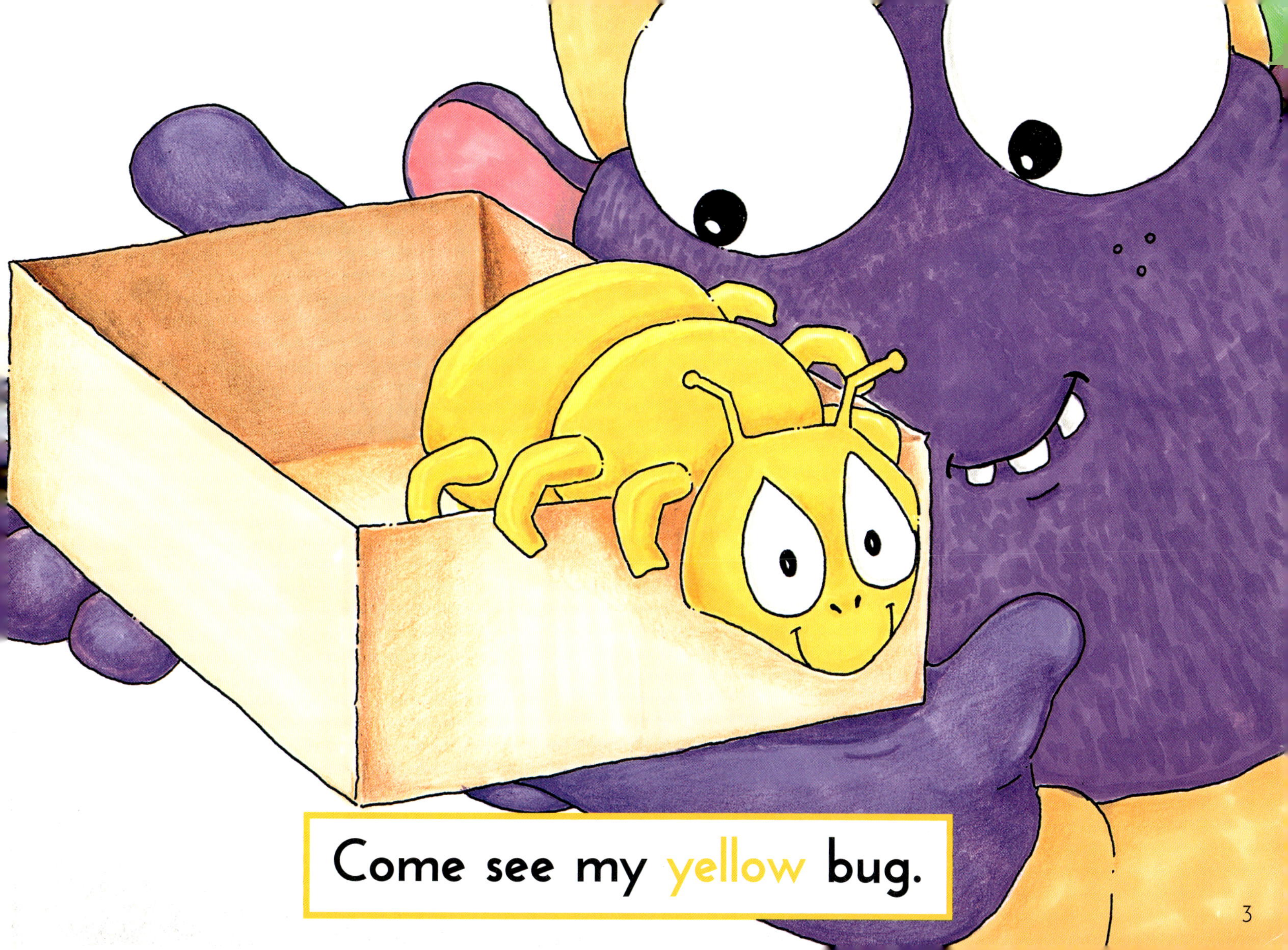

Come see my yellow bug.

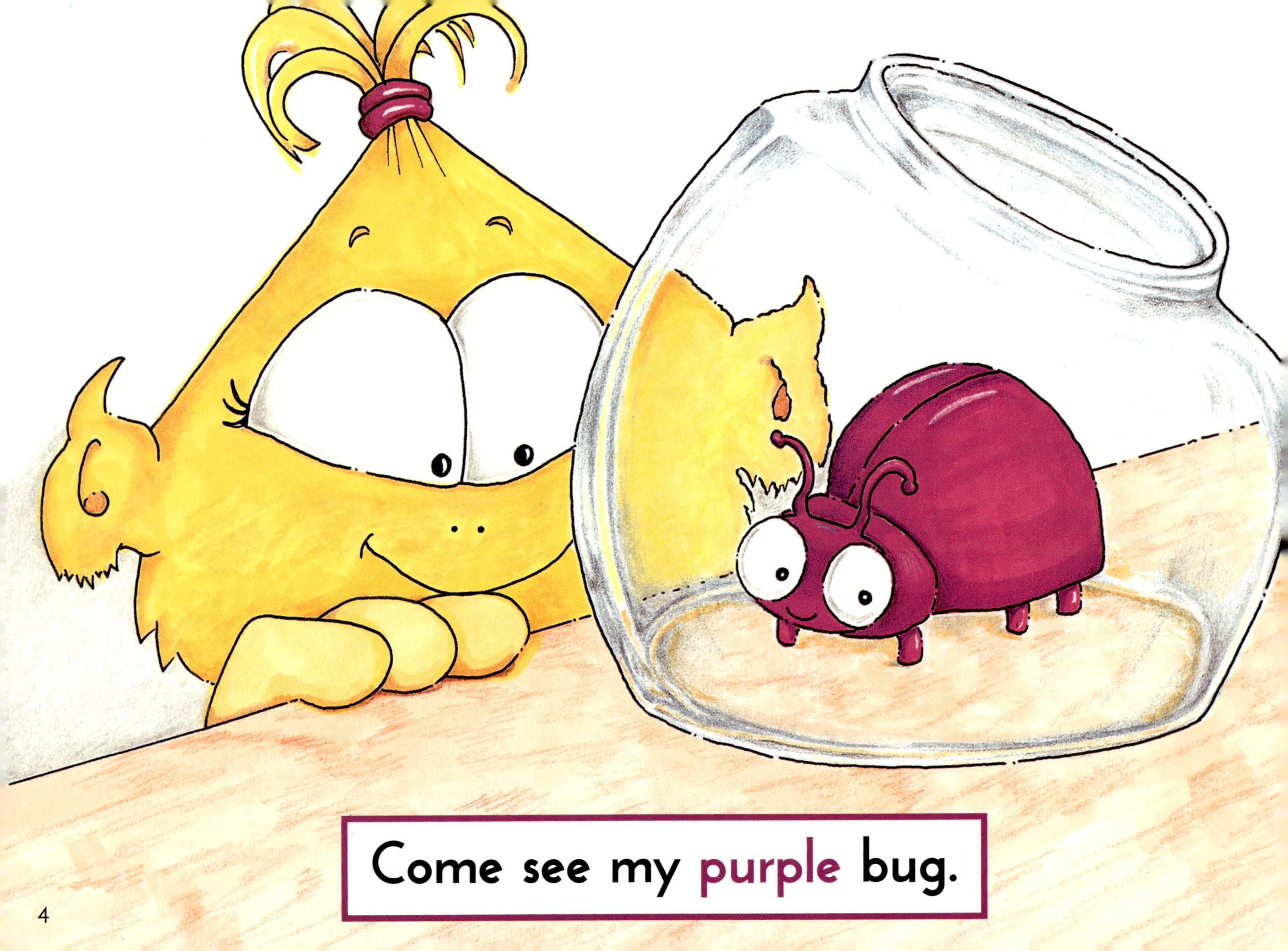

Come see my purple bug.

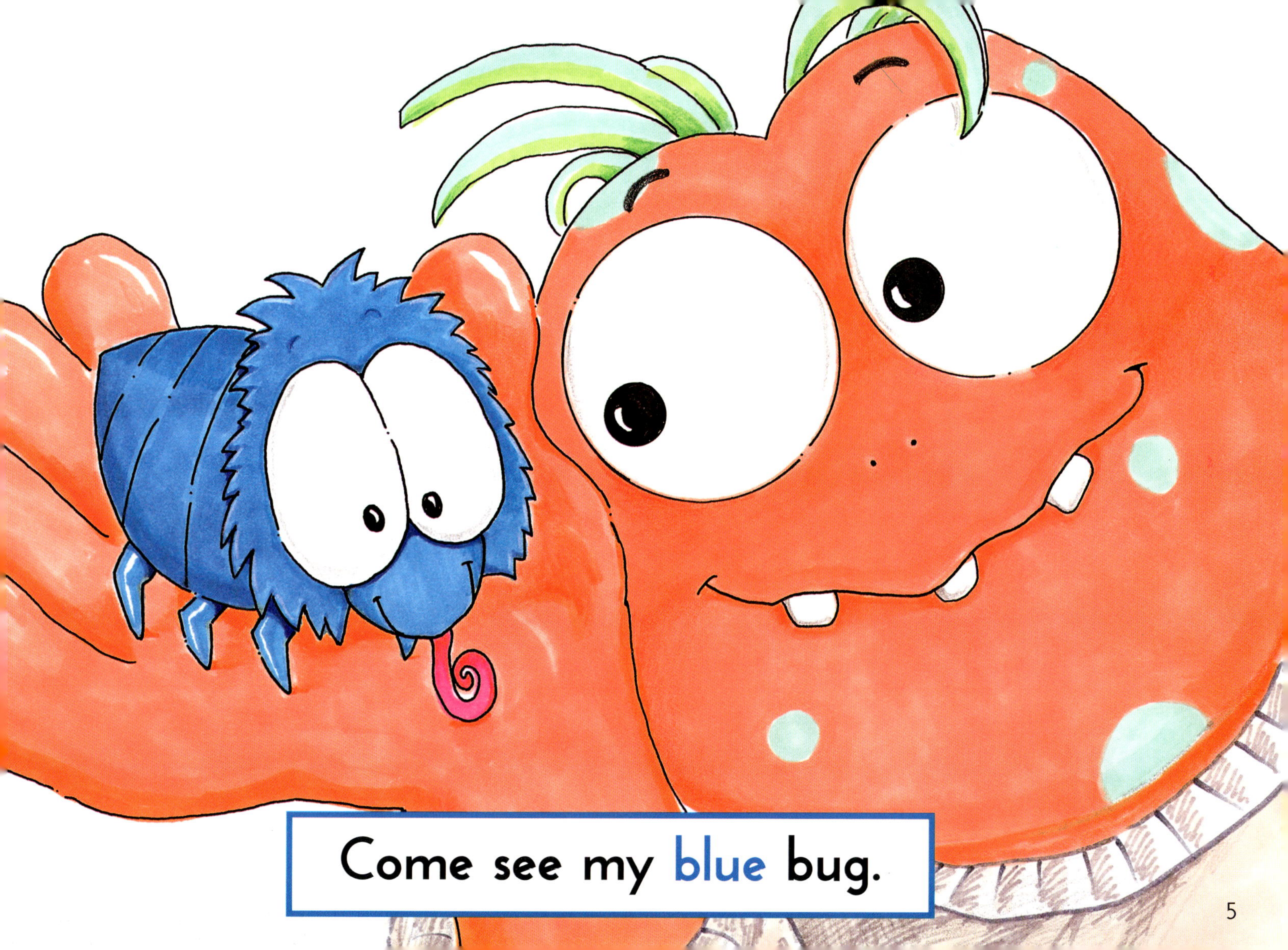

Come see my blue bug.

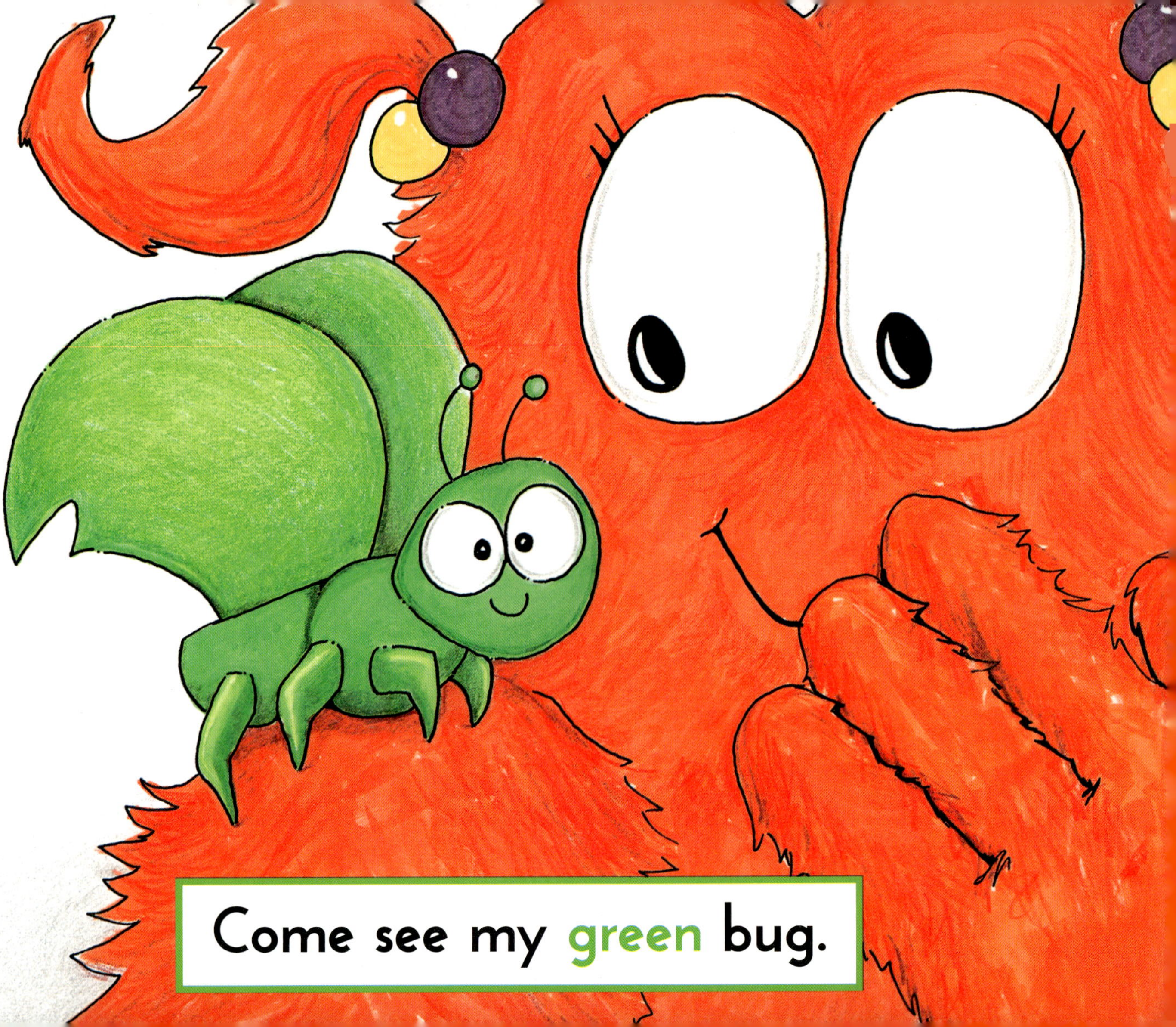

Come see my green bug.

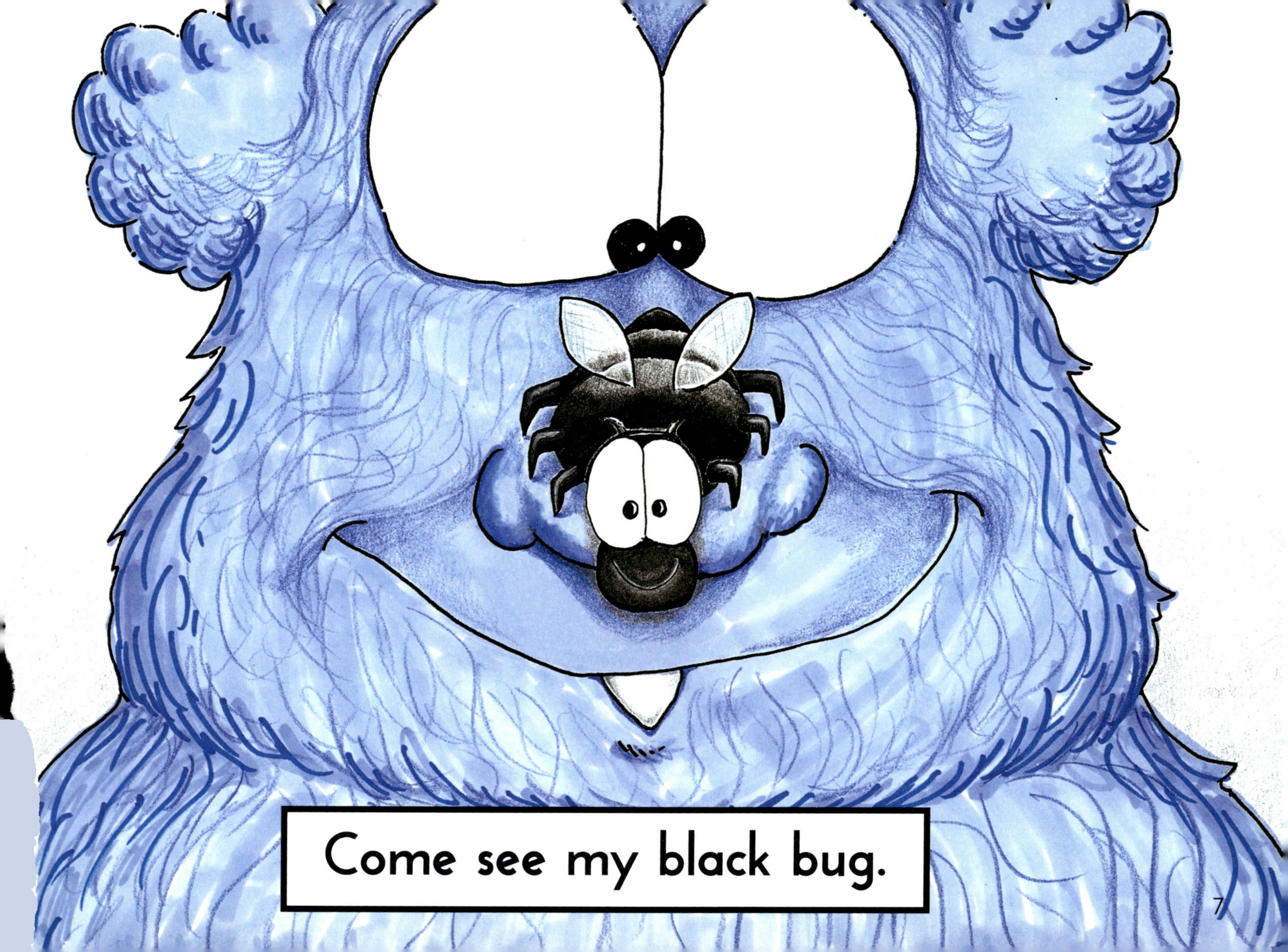

Come see my black bug.

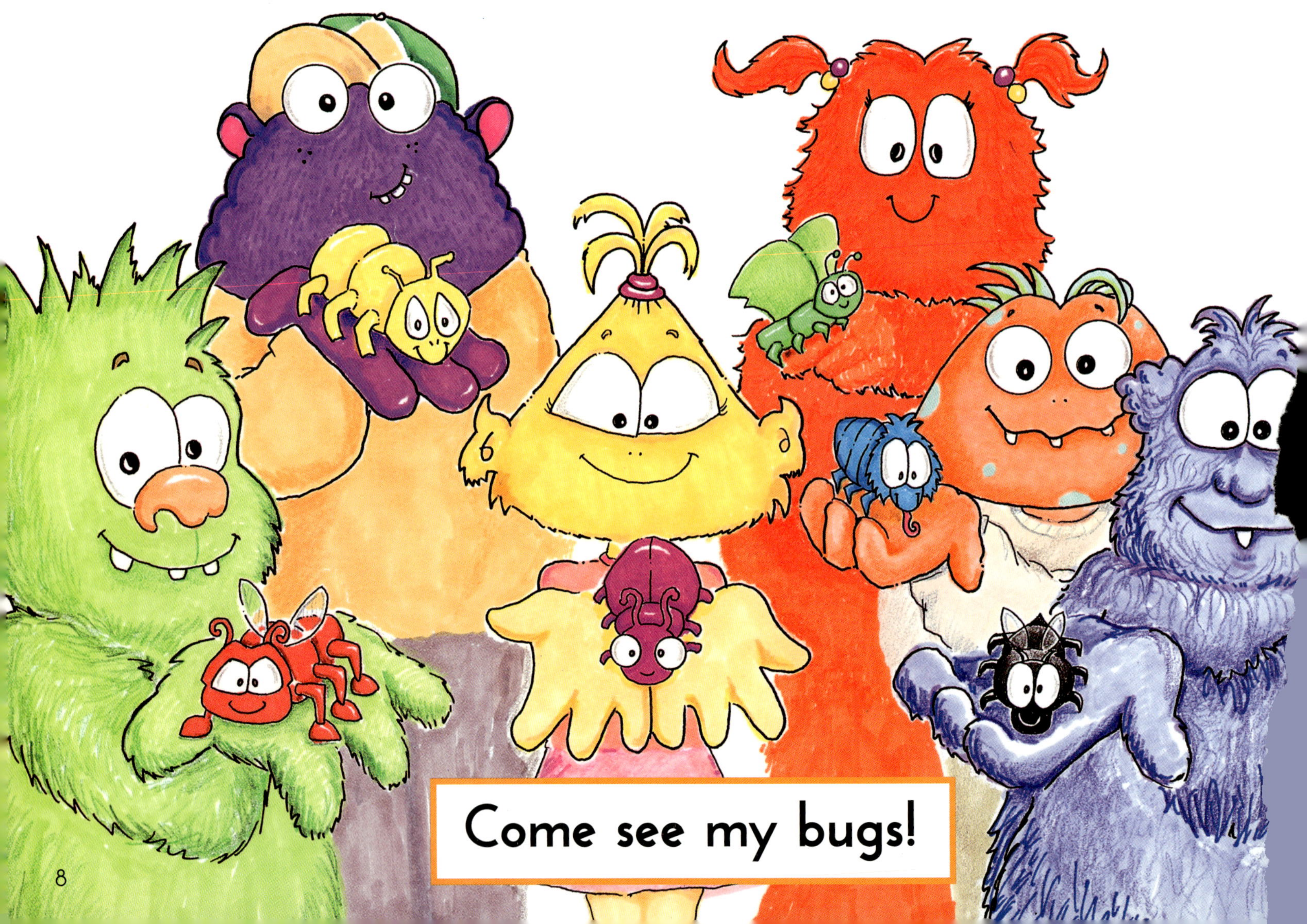

Come see my bugs!